Cartas ao vento

Editora Appris Ltda.
1.ª Edição - Copyright© 2021 dos autores
Direitos de Edição Reservados à Editora Appris Ltda.

Catalogação na Fonte
Elaborado por: Josefina A. S. Guedes
Bibliotecária CRB 9/870

C227c 2021	Canova, Loiva Cartas ao vento / Loiva Canova. - 1. ed. - Curitiba : Appris, 2021. 119 p. ; 21 cm. Inclui bibliografia. ISBN 978-65-250-0337-5 1. Poesia brasileira. I. Título. II. Série. CDD – 869.1

Editora e Livraria Appris Ltda.
Av. Manoel Ribas, 2265 – Mercês
Curitiba/PR – CEP: 80810-002
Tel. (41) 3156 - 4731
www.editoraappris.com.br

Printed in Brazil
Impresso no Brasil

Loiva Canova

Cartas ao vento

Agradecimentos

Agradeço à ancestralidade feminina. Em especial, à minha ancestralidade, minhas avós, Leonilda e Elena, à minha mãe, Ida, e à minha filha, Laura, afetos meus. Agradeço a todas as mulheres que choraram, lutaram, trabalharam, silenciaram e se fizeram ouvir. Às minhas amigas, que me ouviram no trilhar da vida, que me entenderam e me deram colo. À arquiteta Mara Lopes Cortês, pela sua dedicação em me ajudar na condução deste livro. À Universidade Federal de Mato Grosso, por ser minha segunda casa, a do trabalho.

Saber Viver

Não sei...
se a vida é curta
ou longa demais para nós.
Mas sei que nada do que vivemos
tem sentido,
se não tocarmos o coração das pessoas.

Muitas vezes basta ser:
colo que acolhe,
braço que envolve,
palavra que conforta,
silêncio que respeita,
alegria que contagia,
lágrima que corre,
olhar que sacia,
amor que promove.

E isso não é coisa de outro mundo:
é o que dá sentido à vida.

É o que faz com que ela
não seja nem curta,
nem longa demais,
mas que seja intensa,
verdadeira e pura...
enquanto durar.

(Cora Coralina)

Um dia me vi perdida de mim. Passei muitos anos assim, perdida de mim. Hoje, olho o horizonte, estou aqui, em mim. As linhas deste livro são dedicadas a todas as mulheres que um dia se perderam de si.

(Loiva Canova)

Prefácio

Os poemas de Loiva Canova lançam luzes sobre prostitutas, indígenas, meninas, mulheres, bailarinas, rapazes viris, santos e anjos. Dos seus generosos baús saltam, aos nossos olhos, santos, demônios, bruxas, *hippies*, judeus, homossexuais, anarquistas e toda a diversidade.

Ela brinca, borda, desenha e canta, mas também brada o que vê e o que a toca. E nos toca, às vezes em forma de carícia, noutras em forma de porrada. É vento, brisa, mas também é vendaval. É barriga vazia dos que têm fome de sonho, de paz, de dignidade, de respeito, de direitos...

Incorporando o que Edgar Morin chama de *Homo ludens, poeticus, imaginarius* e *demens*, solidariza-se com os excluídos e os marginalizados, ampliando a sua participação política, ao se movimentar e se expressar esteticamente, criando ainda mais espaço para o seu envolvimento e compromisso com o mundo, estabelecendo conexões com a imaginação, a criatividade e a afetividade.

Desperta-nos ao fazer a junção da estética com a ética, possibilitando que compreendamos melhor o mundo com sua complexidade e amplitude. Ao mostrar-se a si mesma, mostra-se e se revela como um ser fenomenológico, que fala ao nosso corpo e à nossa vida. Interagindo em outras dimensões, abrangendo o todo e criando sentidos.

A poesia é também espaço de participação política, pois nela está explícita o seu envolvimento e compromisso com o mundo e com as causas do mundo, religando a arte à vida. E assim, mostra-se a si mesma, mostra-se e se manifesta fenomenologicamente em seu corpo-mundo.

Enfim, ousada e transgressora, constrói e descontrói o mundo, acompanhado de um gemido de dor. Ou gozo.

Dr. Ivan Belém

Ator, produtor cultural e professor.

Apresentação

Uma poética do sopro...

No fim tu hás de ver que as coisas mais leves
são as únicas
que o vento não conseguiu levar:
um estribilho antigo
um carinho no momento preciso
o folhear de um livro de poemas
o cheiro que tinha um dia o próprio vento...
(Mário Quintana)

Que tipo de memória se agita em nós quando a existência humana incontornável se apodera dos ruídos atmosféricos do sopro da existência? Esse é o habitat de *Cartas ao vento*, de Loiva Canova. Nele, a vida é manifestada por fortes tempestades, que "vociferam atenções", intempéries que só se amiúdam com a montagem imagética da memória "O coração? Foi arrastado para as ondas do mar,/ fez voltas e voltas, e continua a navegar".

O vendaval verbal que vemos nascer expande uma cons-ciência poética que vai do "desespero tomado,/ entregue à dor,/ vai com silêncio dizendo adeus./ De mim nada resta./ No vazio, há esperança". O que vemos é a irmanação silenciosa de momentos de dor, advindos de um sujeito lírico que incorpora o outro como sentidos da vida.

Adquiri esperanças/ de que um dia, quem sabe, seremos felizes./
Brindaremos a igualdade da condição humana [...]/ Mataremos
os pesadelos/ que açoitaram as noites angustiantes/ de tantos
trabalhadores, sem perdão.

Um momento de consciência é uma confidência como em Fernando Pessoa. A testemunha do ato de rememorar, do sentimento de perda, da sensação de consolo, do conforto, evidencia o lugar do silêncio das vicissitudes vividas:

Dava para alimentar o desencanto
daquilo que surgia nas entrelinhas da minha memória.
Com os olhos virados
nas sombras de minha história,
não sabia direito se eram passos
da chamada boa fé
que, de quando em quando,
tocava o silêncio
da tranquilidade da consciência.

Como o vento que nunca para de soprar, ocorre como um clamor do tempo a imagem que aparece como um devir: "o mundo rodeia,/ rodeia e sai de baixo./ Circunda na cabeça/ as vozes dos santos./ Roga piedade, clemência./ E quem sabe um dia/ atenderemos ao chamado na dor de crescer". Assim, o vento balança, traz dolorosas ventanias, a recordação indelével da natureza viva.

A luta do vento com a memória viva da vida é destacada pelo movimento rítmico dos poemas, como que a natureza invadindo as palavras: "vento, traga minha luz./ Sacode a poeira,/ tira-me do tempo,/ festeja com o cálice". Esse movimento também leva as cinzas, que, "de tanto chorar", o vento transporta.

É preciso estar atento parar reparar: a voz poética produz uma experiência sonora com as palavras. Nelas, a corporificação dos poemas tem efeito do vento sobre a superfície da água. Os poemas se formam numa percepção dos ritmos da brisa, da ventania, dos alísios, da tempestade, do vendaval e dos ventos da maternidade.

À semelhança da "Rapsódia sobre uma noite de ventania" de T. S. Eliot (1920), os pavimentos da memória agitam-se e voltam à reminiscência das fissuras: "Quantas misérias chorei nos ombros da História./ Resolvi escrever nas paredes do meu corpo notas de amor./ Quando libertamos a alma, o grito vem com dor".

Ao fim de *Cartas ao vento*, somos transportados com asas abertas, como o anjo-narrador de Walter Benjamin aos ventos da redenção: "Voaremos por trás dos tempos, fazendo que surjam risadas das poucas alegrias./ Abrindo o coração, um ancião cantará composições sobre antigos amores".

Dr.ª Thaís Leão Vieira

Professora do Departamento de História da UFMT – Membro da Sociedade Internacional de Humor Luso-Hispânico

Coordenadora do Núcleo de Pesquisa GEPHLC/UFMT

Sumário

Brisa

Olhei o sorriso na face do velho aleijado,
procurei vestígios de adolescência,
mas desvanecera há tempos.
Tomei-lhe a mão.
Estava flácida e trêmula
pelo labor da terra cansada.
Ouvi tua voz rouca e apagada
contando experiências tidas há dezenas de anos.
Enfeitei teus cabelos brancos
de pétalas de margaridas,
imaginando alguns anjos voando, e outros
sentados ao teu redor,
imaginei tua sabedoria orientando
os viventes no distante planeta Marte.
Sugeri uma caminhada
para divagar meus passos no teu mundo,
e ri com suas trovas italianas,
e das letras esquecidas pela memória antiga.
Lembrei-me das quantas vezes
que juntávamos nossa alegria
para saciar a fome dos animais do quintal.
Admirei teu bonito costume
de fumar cigarros de palha

na varanda da antiga casa,
aplaudi teus velhos amores
buscados nas serenatas da luz de lampião
a querosene, e do cansado violão enfeitado
segurei o teu chapéu,
lembranças dos acenos à namorada,
que de longe vinha de trem
para voar em teus braços.
Agora, fico dias sentada ao teu lado,
sonhando com as aventuras
de uma longa vida.

O coração? Foi arrastado para as ondas do mar.
Fez voltas e voltas, e continua a navegar.

Congelei minha vida em um vidro de perfume.

Pudera de alegria tocar meu coração
e fazer com que vivêssemos
sorrisos de margaridas.

Enfeite de flores.
É vida que se faz, entre a magia.

Até quando
a dor suave do desencanto
atormentará meu canto?

Quando o silêncio ensurdeceu a alma,
veio o presságio contando
que a alegria é alegoria da festa,
enfeitada no espelho da tristeza.

Amanheceu
Mudou a história
Sorriu o louco,
da janela do quarto.
Fraquejou a bailarina,
com seus sapatos de cetim
correu sobre o palco.
A plateia nada viu,
cegou-se com os amores
das madrugadas incendiadas.

Eu não sou forte, e nem quero ser.
Sou vidro de cristal que quebra com o olhar.
Ainda que eu queira ser forte,
sou pedregulho de estrada no jardim de esmeraldas.
Quem sabe ser forte
que o seja.
Assim como as estrelas,
que, no firmamento,

dizem à humanidade que continue.
Continue, sim,
continue.
Para não se misturar com os fracos.
Porque dos fracos ninguém quer saber,
nem do seu silêncio, nem do seu falar...

Alguma vez desce um amargo tinto
fazendo do sossego um presente de mim.
Foge no alto mistérios de poesia.
Logrando a palma suada de malícias,
dá lugar, nos vasos da casa,
serpentinas coloridas
acordando do lógico,
diferenças, sons dissonantes na canção adormecida.
Alternância, dias perdidos
companheiro das manhãs
antigas nas rosas dos jardins,
no verso da história,
vai nos caminhos
a sabedoria,
mãos dadas no espaço de dias.

Manhãs em poesia
vagam de braços dados
longe da noite,
Sentadas no trono da luz.
O Sol.
Transparências, cordões de fadas,

pássaros, alegrias,
manias acordadas.
Profanações, perguntas, passagem,
fim chegando devagar,
calmo, exato,
adequado.
Leve de volta
o eterno, sorvendo esperanças,
aventuras de traçado,
encruzilhando torturas chamadas de amor.
Desespero tomado,
entregue à dor,
vai com silêncio dizendo adeus.
De mim nada resta.
No vazio, há esperança.
Uma mulher pronta,
aos olhares curiosos do reverso de um verso.

Pálido, o dia saudava minha manhã
entregue na sala da espera.
Um atestado da saudade
a uma dose de mistério
Os turistas, viajando pelo mundo,
saudades vigiadas
na alegria da solidão.
Fantasmas pendurados nas janelas
tripudiando cascatas de desejos,
imagens configuradas nos espelhos,
Caminhadas feitas nas escolhas banais.
Certezas tão certas, prelúdio do fim.

A solidão vagueia,
tempestades vociferam atenções.

Amanheceu no telhado da casa.
Havia borboletas
cintilando nas folhas,
nas flores vermelhas.
As borboletas todas juntas
somavam no amanhecer.
Uma rosa
ofereciam para as crianças brincarem
com as fragrâncias do jardim.

Antes de tudo era
a cor do amarelo.
De sol a sol,
a menina princesa
não ouvia
a vontade do coração,
da alma tardia,
do verão de cada dia.
Loucura, senão
um pedido, talvez...
Corpo.
Dera de tudo,
dele veio um sorriso
de santo,
que pedira que o guiasse.
Veio um feto,
um teto, um afeto,

um desassossego,
uma dor esquisita,
um sorriso e o ardor da lágrima.
De tudo viera,
que vontade dera,
de acender a vela
e ver qual era.
Para dar sentido ao novo sol
que virá.
Para alegrar o coração
da próxima, trazer
a primavera.

Quando no mundo
a vida torna
um universo patrimônio
da humanidade,
faço cantigas
para facilitar a viagem
de volta à morada.

Presente da poesia,
esta que se fazia
de dia.
Na ternura encontrada,
na sabedoria infinda
da vida.

Um velho desfigurado rondava a casa,
decadente, sem conserto,
um amor sem futuro.
Perdido nas penumbras
rodeava a dançarina,
desligava da tomada
os últimos mistérios.
Um dia viria
fazendo dos bordados
novidades,
para mais e mais desenhos recomeçar.

Antes, assim era a cantiga,
feita de rosas colhidas.
Na sala do maestro,
rodava entre os amanheceres
anjos de cor azul.
Vida que se refaz,
toca uma cantiga,
uma dor na amiga,
uma ternura esquecida,
um tempo de luz.
Vai na roda viva
uma semente,
um pecado,
uma vontade de correr
na montanha gelada,
olhando os deuses
cobrindo o inverno.

Há no tempo presente
qualquer coisa no vazio.
Um estalido,
um som,
um pensamento,
uma verdade
amadurecida.
Na suavidade de cantigas
há dor na memória,
há sangue derramado,
há silêncio escondido
entre as árvores,
há vozes.
No choro,
uma brisa
cobrindo de vermelho.
Escondeu-se o preferido na suada face,
entre as paredes internas do coração
rasteja o mendigo.
Inibindo possibilidades de qualquer senão.

Na segunda vez deu certo.
Via na janela do meu quarto o tesouro da vida.
Havia um sentido meio que contrário da alma.
Um folguedo que vestia nossa festa.
Na dor da agonia, as almas dos poetas gritavam.
Fazia do sentido uma ternura sem dor.
Os ventos vinham fazendo elogios
à menina abandonada.
Jogava com as várias cartas a sorte do que poderia
acontecer.

Tinha o espetáculo da jornada
ouvido através
da sonoridade da voz das bruxas,
das ciganas analfabetas que sabem do fluxo divino.
Alegravam os sinais do universo,
das possibilidades de um caminho de retornos.
Vinham a mim os fantasmas de suores passados.
De perto, vistos na estrada de mão única.
Dentro desse mundo, de cores douradas,
o vale da esperança tornava meu destino o sabor do vinho.
Digerido nossos diabos internos,
não sabia mais o que me esperava,
mas, na certeza, o desajustado falava da glória da vida.

Naquele dia
o mar sabia
da guerra do amor
em uma distante ilha,
em meio a oceanos perdidos.
O olhar encantou o coração
da saudade presente.
Ausente.
Ausente.
No tempo da alma
e na trajetória dos amanhãs,
amanhecidos por eras
quase cristãs,
ainda se sabia
que o canto viria dormente
no pulsar da respiração.

Era no silêncio
que a multidão de desejos
encontrava no afago
o refúgio de toda dor.
E o mar sabia
que a saudade ficaria.

Pulei da janela do quarto
porque estava fechada a porta
da sala, que saía
para a rua da aventura.

A vida passa
com desgraça da graça
comedida de alegrias,
mas dispersa no hilário
da flagelada agonia,
companheira da estrada.

Ventania

Estou tão só que a alma dói sem chorar.

Minha alma disse que Deus e eu fizemos juntos
um encanto num canto do meu canto.

Eu aqui no canto da sala,
canto para a alma do meu amor.

Na vitrine da minha alma, pendurei meus sonhos
nos cabides da esperança.

Amanhã saltarei todos os degraus do prédio
e cairei na roda da vida.

Antes ficava assim,
no tempo,
contando as estrelas.

Era apenas
a paz de um lugar ao
vento, e na saudade que lançava
nossa vida
para os furacões do universo.

Alma do passado,
traga a paz,
rompa a imprudência,
vele a dor
do incerto e do certo,
da angústia,
da lembrança.
Faça a montanha
chegar até mim.
Prostrarei meu cansaço,
abrirei o peito,
para as luzes dançantes do mundo
alegrarem o mundo de uma meretriz.

Rapazes viris
gozavam nas bocas virgens.
Meninas aguçavam o paladar
com os suores das almas eróticas.
A nudez cobria um corpo
no vazio do caixão.
A amiga dormia com o poema,
o salva-vidas de sua razão.

Vento, traga minha luz.
Sacode a poeira,
tira-me do tempo,
festeja com o cálice,
engole o vinho,
abençoa na imagem
devota da Santa, um pedido.
Carrega um santuário,
sacrifica a vida,
vomita todos os espelhos escondidos na alma.

Vinha dando voltas,
esperando nas esquinas,
viajando na inquietude dos devaneios,
brindando o escorregar do tempo.

Alegra-te,
sorri
e fraqueja.
Refestela-te
e aniquila a sordidez
ameaçadora da paz.
A palidez dos sonhos.

Aquele casaco na sala
parecia imponente.
De nada valia.
Marrom, aquele casaco

incomodava, tirava do sério,
brilhava.
Mas o casaco
encostado na cadeira
parecia dono de si.
Isolado, o casaco ficava.
Rir, era o que sobrava
para o dono do casaco.
Sair de leve,
sem nenhum ruído,
não deixando marcas,
desocupando a cadeira
da sala vazia.

Seguíamos como dois anjos
no caminho de pedras.
Víamos cada borboleta que passava.
Eram nossas almas que, juntas,
procuravam o vagar da paz.
Dali, íamos para o interior das flores,
envolvendo-nos no doce néctar
para criar forças na caminhada de luzes
que fizemos na ânsia primeva,
de onde nossos corpos
precisavam embalar os corações,
famintos de amor.

Como fazer
de silêncio a voz
do louco?

Quando o mundo gritar,
faça de conta que ensurdeceu.
Diga à dor que já morreu,
para nunca mais atropelar
a alegria de existir.
Finda a tristeza do seu ser,
diga ao mundo que de glórias viverá,
na mão amiga terá
mais motivos para continuar.

Brincadeira dos homens que sabem demais:
escreveram tantos livros,
pensaram tantas teorias,
gritaram aos espasmos
tantos defeitos apontados.
Para os donos do poder
virarem suas costas,
e nada, quase nada,
fazerem.

Maneiras ternas,
fantasias abençoadas,
criação do tempo,
sonhos enfileirados,

cantigas escritas
nas manhãs de dezembro
amanhecido nos silêncios.
Sobra na lembrança um aperto de mão,
falas derramadas em conversas estranhas.
Fugindo na penumbra,
histórias somadas, passadas,
entregues ao amigo.
Vendavais aproximam,
misturam suas certezas,
escondem feridas,
maquiam a boneca,
perfumam o quarto da solidão.
Misérias tornadas
mistérios dos homens.

A vida bela quem sabe pudera
arrancá-la, jogá-la para fora de mim.
Beijos marcados
dos amores presentes,
que deuses um dia ofereceram para mim.

Roda menina,
roda sabida,
roda na vida.
Junte seus trapos,
acorrente seus braços,
sorria do palhaço.
Corra atrás da paz.

Vou embora do país.
Quero contar histórias
do menino alegre e feliz.

Uma lembrança cavalga no coração.
Vem o tempo de soslaio e olha a moça.
Nada adiantou.
Só o tempo fez da poeta
uma pecadora atroz.

Soltarei um sorriso
quando Deus fizer o favor
de privar-me da dor do amor.

Mulher é árvore sagrada:
sangra e chora
lágrimas de vida.
Pinça um lamento
entre as gotas da sua memória
póstuma.
Levanta todo dia,
prepara o pão,
o chão,
o alimento.
Segue pelos buracos estreitos das ruas
nas madrugadas enfeitadas
de cores vibrantes.
Tem suas meias vermelhas

estendidas nas pernas cansadas.
O peito dói e dói,
mas segue para contar nas fronhas decoradas com linhas de
fios dourados
que o seu amor há de chegar.
Mulher é monumento
encastelado no canto escuro do olhar.
Ela canta e chora,
lamenta e segue heroicamente ventilando o veneno
que de nada adiantou guardar para o sol ver,
porque de piadas a vida enfeitou
o varal da sua casa.
E nela o eterno e o sagrado,
cantinho de luz,
Acolheu o seu corpo
tão bonito e reluzente, como a primavera que canta solene
no barco da despedida de uma madrugada
cansada de olhar para o amanhecer.

Contava para Deus meus sonhos perdidos.
Eu via a vontade sofrendo e entrando no silêncio,
e ainda assim fiz na saudade, um pedido de luz e de
sabedoria.
Eu queria ser amante do espelho e olhar para a imagem
de sorrisos,
e olhares clementes do que foi.

Há na sua ausência um certo ar puro de tempos,
há silêncios escondidos nas figuras da porta.

Há moradia nas palavras
que surgem na memória.
Quanta saudade, derramada nos sobrados
da minha mente...
Perfeitas de encanto.
Quanta miséria entre minhas dores,
quanta angústia derramada pelo tempo,
estendidas nos travesseiros
aventureiros.

Ao tempo que se vai enrolando o paladar na fala.
Ao tempo que sussurra uma palavra, um santo, um pranto,
um algarismo,
um pontilhado de silêncios.
Quanta saudade do falar,
da minha espera.

À amiga Tereza:
amiga mulher,
entre tantas na história.
Tantas já morridas,
deixadas em várias Atenas,
paridas por vezes,
enfrentando a comida
dos filhos, da sina,
Tereza...
Dessas que fazia
a luta do dia
com fome, vontade, alegria,

buscava encanto em cada canto.
Do seio vinha alimento
para a filha Ana,
morria a cada dia,
do mal solidão sofria.
De tudo fazia
para um dia
deixar aos filhos um acalanto.
Heroína, guerreira,
acenando à morte,
à espera dela.
Veio num dia qualquer
adeus dizer,
em triste notícia
que Tereza morria.

Olhando para o passado,
acho que ficou
o sorriso da guitarra
ao som do violão.

Tornaram-se pequenos,
inteligentes, arredios.
Vida na alma,
na tormenta do dia,
querendo ter uma lembrança
do Dia da Criança,
festando nos balões
das próprias fantasias,

tornando azul
o sair da menina vadia.

Os fantasiosos somam-se com sabor de cor.
Na busca de uma felicidade,
encontram-na.
Satisfeitos com amargor.
Falácia dos profetas da alegria,
escondidos nos discursos da cristandade,
na alegoria de mais um dia que previa
à espera da dor.
Mostram passado,
dilacerado; afugentado nas cores do cemitério.
Embaça a visão,
tremor que se esconde na alma
de quem não tem uma só razão para viver.

Antigos testamentos abençoados,
enfiados na sala, na cozinha.
Há um faro faltando
na rapidez da hora,
no sonhar da Aurora.
Um texto, um sonho,
uma fantasia,
um vexame,
um eterno
piscar de olhos.

À minha volta só o tempo deu um tempo.
Não tenho para onde ir.
Faltam aqueles velhos sonhos.
Faltam aqueles eternos e poucos amigos.
Só não faltam os fantasmas de braços abertos
às lembranças
das dores enfiadas no armário da minha memória.

Outro lado
Altera no mundo
o sossego da alma.
Festeja a lágrima
que rola na face.
Vejo o sorriso
da mulher criança.
Salta o pássaro
no galho da árvore.
Vidas carregam corpos suados,
imagens passam,
lembranças e saudades
agonizam pessoas.
Nas ruas escuras,
silenciam vozes.
Nos quartos sombreados de luzes,
materializando o medo
no tempo de agouros.

Na alma, um poeta
vinha abraçando a saudade.

Ficando na lembrança
o tom da música,
afagando abraços,
enchendo o quarto
com nossos corpos.
No guardar da poesia
de nossas vidas,
beijadas no ar das manhãs,
tendo nas rosas
deixadas sobre a cama
o terno momento do amor.

Dava para alimentar o desencanto
daquilo que surgia nas entrelinhas da minha memória.
Com os olhos virados
nas sombras de minha história,
não sabia direito se eram passos
da chamada boa fé
que, de quando em quando,
tocava o silêncio
da tranquilidade da consciência.

Fomos na leveza de nossos
passos lentos e trôpegos,
na nossa fúria de desejos
incontidos, nos olhares perdidos
na imensidão do tempo.

O tédio de todos os dias
acontece na correnteza de nossas caminhadas.
É o descolorido do universo
sombreado com a ternura do não faço.
Do quase que sempre seguro ato já conhecido.
Por isso
tenho a sensação de penúria
da displicência.

Minha lágrima contida
sofre calada
mais uma saudade.
É o inerte do momento,
é o sentimento das sobras
das minhas vitórias.
Vi pesadelos e pedidos.
Divago para barcos da esperança.
Quero a vida fantasia.
Quero respirar e saber sorrir.
Não quero nenhum simbolismo
de desencanto.
Quero o mundo florido
para poder pisar sobre as pétalas,
quero ouvir o suspiro das vozes triunfantes.
Saber que a plateia pediu bis.
Quero gritar ao mundo.
Eu quero ser feliz.

Saiu o fulgor de mim.
Espraiou-se entre montanhas.

Contei picos e vi relvas
para somar os dias sem calor.
Gritei bem alto para aquele olhar
que me acompanhava com lentidão.
Venha e saia
na distância do anoitecer.
Fuja com calores de mãos suaves
que poderão juntar-se
na minha terra pisada.

A mortuária carregou-me,
nela sinto e vejo
o tempo passar...
São horas, dias, anos,
incessantes momentos
fugazes, infelizes
intrépidos sonhos.
Aqui e ali
vamos, andamos
entrecruzamos histórias
ao dedilhar do violão
ao som do avião.

Ontem
escrevi na parede
do muro
palavras de amor
ditas ao entardecer.

Seguia por caminhos pueris
sem sombras, sem tristezas.
Por vezes o piar dos pássaros,
o andar do pedinte
que, amargurado, segurava
suas trouxas e seus filhos.
Via no entardecer a estrela
mais bonita.
De quando em quando
eu rezava ao pai nosso Senhor
e cruzava minhas pernas.
Nelas,
apoiava minha cabeça
protegendo-me do pequeno mundo.
Tinha carinho por coisas boas.
Era meio sabedoria da criança
que, crescendo, tornou-se
amargura de soldado
que festejou sua luta
na sala da casa
da mulher amada.

Não acreditava que sonhos de fadas
desaparecessem nos trilhos da estrada.

Minguada no silencia do pensamento
tenho a luz do dia,
invadindo a cama desnuda
tendendo a suavizar meu pranto

partido com a saudade
de viagem feita há alguns dias.
Após, veio o sorriso da noite,
atropelado pelo cansaço
do silêncio majestoso,
traçando o percurso do pensamento
nas madrugadas que eu fora
enlaçada pela mão grandiosa
da presença do amigo criador
de tantas opulências construídas.
Com o glamour da perfeição
dos fios condutores da vida.

Alísios

A História é? A fada dos acontecimentos.

Um homem joga, amassa.
Outro escolhe, encaixa, desamassa.
Vive do lixo.

O sol, a lua, a água.
O fogo, o ar, o riacho.
A espera da era
da alma gêmea na terra.

Em tempos de entrega,
o sol e a lua
apareceram juntos.
Na disritmia da natureza,
em quase nada comungavam.
A não ser
a solidão que os
fez amigos, amantes.

Homens engoliram espadas.
Foram pisados
como a mulher
da milenar China.
Flores, incensos faziam o luar.
No quarto, as crianças dormiam
como os anjos pintados
nas sacristias renascentistas.
A voz sumida gemia entre os cabelos do varão.
A ternura não ficava, andava em voltas,
sorrindo da cena.
Apenas a mãe
preparava o peito
para mais amores ali morar.

Na vida, resta-nos a certeza
da vindoura plenitude.
De erguer os olhos para o céu
e nas estrelas encontrar
as mãos do semblante homenageado.
Na ternura do universo, que nos enlaça
carregando na alma o sorriso do profeta,
sentado na luz que incendeia o coração.

O mundo rodeia,
rodeia e sai de baixo.
Circunda na cabeça
as vozes dos santos.
Roga piedade, clemência.

E quem sabe um dia
atenderemos ao chamado na dor de crescer.

Sonhava que talvez
o mundo fosse tão grande
que poderia caber paz.

Mistérios, traquejos, alegria,
bandolim na flauta,
na canção do dia,
na madrugada,
na melodia, na sinfonia,
na idolatria,
na poesia,
na moçada da barriga vazia.

Meu álbum
mostrou seu retrato,
amarelo e amassado
pela saudade que envelheceu.

Mulheres do mundo
contem suas lágrimas.
Recolham-nas na caixa de música
e guardem-nas como pérolas
do sentir da vida.

Um dia festejaremos
nossas promessas
no alto da montanha.
Até ontem,
só ontem,
pude olhar
nos espelhos das vidraças.

As horas são marcadas,
nem vida, nem saudade.
Fuga para longe do inexistente, gracejos, roda-viva da vida.
Calma das mais solenes,
segurança da minha morada,
do gosto da água de limão,
limpa, límpida do colorido de um copo,
sorvendo na minha presente presença
um sorrir de magia.
Leituras, canções, lições, sobriedade.
Respeito a casos estranhos.
Silêncio no ardor do vento.
Frias nas noites de sábado.
Escandalosas nas primaveras.
Brilho dos lábios da pequena imensidão.
Luz de penumbras mal acesas,
temperando de versos o lado triste do amor.
Madrugadas vazias, aquém do amigo.
Só no jogo da vida há gracejos,
brindando com minha solidez
terna no tesouro do tempo.

Viagens perdidas na altura do dia.
Vida removida entre seus eternos recortes,
fazendo encruzilhadas.
Valendo suspiros de poder,
de tardes inteiras, gemidos.
Fazendo pele, pelos, suores, alívio.
Para depois fazer sombra de vitórias.

Detendo sentidos, olhando no abrigo,
vai um destempero de desejo.
Vai na penumbra.
Um vento recupera, um trágico infeliz,
vagueia sentidos, uma espera incendeia.
Cadeia, destino de muitos.
Entremeia vida e suspiro.
Vida girando nos véus celestiais.
Bênçãos, concertos, promessas,
internas, pequenas,
fazem sentido
na primavera da folia.

No tempo de ontem,
no tempo presente,
ouço passos,
compassos do coração.
Arrisco-me no tempo do amor.
Do sofrer e querer
até a madrugada de um belo adormecer.

Até ontem
faltava correr   -
para o além da noite.
Rolar as escadas
arranhando as paredes.

Quem do tempo fez sumir
uma estrela,
fez dirimir um pedaço
de felicidade.

Retorna o passado
vestido de branco.
Senta-se na cadeira da sala.
Como um santo, põe-se a rezar
o rosário de contas.
Eu vejo sua imagem
de lembranças
corrompidas pela memória.
Nada restou...
Esteve apenas para
injuriar minha vida.

Mudou a história.
As sementes germinam,
crescem,
grandes, florescem.
Um novo ciclo se inicia,

de reprodução.
E procriação.
Juntas fazem a vida do homem.

Lembranças escondidas na face do tempo.
Medida de lugar,
sabedoria fincada na lama do poeta,
no tempero da vida.
Assuntos perdidos, magia protelada.
Lugar abençoado na latitude norte da minha existência.
Lamento das canções dos poetas.
Impressões, impurezas de uma vida
dividida entre o sorriso e a lágrima.

A mulher da ponte.
Na ponte dos ingleses,
na cidade quente,
mora uma mulher de quem nem sei o nome.
Feiticeira dos mares,
mensageira de fé, de esperança.
Mulher de coragem, de luta.
Desafortunada das coisas do mundo.
Seu palácio, um casebre real,
enfeitado de fungos, madeira molhada e solidão.
Ao lado da janela, o plantio.
Pés de cebolinha.
Vive na companhia das estrelas,
de um cachorro amarrado,
duas galinhas engaioladas.

Ao ouvido, o som do mar.
Comida? O pescado.
Na ponte busca melodia para alegria
há vinte anos.
Sabe do barulho das ondas do mar.
Maior sentido de vida – o mar.
Não tem vergonha do seu pequeno lugar.
Do peixinho, faz óleo, e tem um punhado de arroz.
Água para beber? Busca na casa militar.
Noites se passam, e ela continua a ouvir o cantar do mar.
Viajantes se enternecem
quando da história ficam a par.
Levam para a dona do mar
presentes de acalentar.
O sonho de viver em função do mar.
Dorme, acorda, vive, sonha, em cima da ponte
que cobre o mar.

Veio a moça procurando afeto,
entrando no destino da vida.
Tornando saudade,
fazendo rir a criança,
antevendo a mensagem do tempo,
feliz.
Tinha tornado o mundo menos ruim.

Vinha o tempo e a magia,
nenhum fizera morada.
Foram como viajantes

sem destino.
Nenhum fixo.
Foi assim um tempo, teve pudor.
Nem aqui, nem lá.
Foi tempo que somou
em cima e embaixo.
Pôs fala nas palavras,
em mente,
em beleza.

Até amanhã, se Deus quiser.
Até o destino cruzar os tempos,
até o pedido da alegria
fazer do tormento.
Um sinal
no tempero da vida.

Eu espero sua resposta,
encantada com o silêncio da partida.
Saber que enlaça o silêncio de sua voz
ao texto da aventura.
Foram as perguntas
escritas nas paredes
da memória.
Um dia, um anjo.
Outro dia, uma fera.
Somada, quem sabe,
às vozes de sussurros
entre os ouvidos de uma era.

Assim foi o coração desvendado,
acelerando os passos.
Não sabiam que, no alto e no fundo,
tudo é igual.
Sem luz.
Uma estrela, quem sabe,
para não esquecer da esperança sentida
no sofá da sala.
Ainda entre as flores sobraram pedaços
ao que há de mais bonito
no mundo da perfeição.
O amor.

Representações essas,
movedoras, movediças,
intensas, intensificadas.
Forças mobilizadoras
das palavras
ditas, escritas.
Expressões, visões,
estereótipos, estigmas,
pré-conceitos, conceitos
que fazem doer a alma,
resultando
em tão pouco falar
de tanta gente que se enfeita,
para assim poder viver
em paz.

Ainda ontem somei sentidos
quem sabe sumidos
entre as falas nefastas.
Ainda ontem somei sentidos
entre os seres avessos.
Ainda ontem a voz sumida fez silêncio na garganta,
ainda assim, foi o tempo passando,
dando palmas
para flores contidas entre tantos
abraços dados.

Primeiro ao meu Deus,
depois à terra,
sob a voz do sol,
semeio semente.
No outono amadureceu,
no inverno ascendeu
uma vida inteira.
Tropeçou em mim,
para daqui rir
na porta do meu coração.

Voamos mais alto para termos sentido.
Somos plantas guiadas pela força centrífuga,
aparelhos condicionados pela era da informática.
levados para a longitude, para o limite
da possibilidade da ignorância.

Pobre vida de dias incontestados,
alugados no sertão do alvorecer,
padecidos na sala que festejou
o aniversário de nossas lágrimas.

No colorir da primavera
contei as flores do meu quintal.
Vivendo intensamente aquele momento,
eternizei meus sonhos para minha deusa Terra,
mãe dos meus ancestrais,
dona do mundo vivente,
mortuária dos rios desalentos,
do sol ardente no solo arenoso.
Noticiei minhas clemências
para junto do leito divino.
Pedi proteção ao criador,
consciência aos sábios humanos.

No desviar da margem do rio,
sentei minhas memórias
de um tempo de outrora.
Senti o nascer da manhã
festejada pelo brilho de alguns pássaros ligeiros.
Percorri cada sonho contido
na minha saudade esquecida.
Adquiri esperanças
de que um dia, quem sabe, seremos felizes.
Brindaremos a igualdade da condição humana.

Festejaremos os espetáculos
de aplausos de bocas sorridentes.
Cantaremos a vitória
do povo saudando a sorte do pão de cada dia.
Teremos a democracia racial
no discurso e nas mãos.
Mataremos os pesadelos
que açoitaram as noites angustiantes
de tantos trabalhadores, sem perdão.

Quem dera ter a vida,
poder escondê-la entre minhas mãos;
sonhar com as graças das estrelas do céu.
Quisera ter a chance de pisar
cada degrau do pensamento deslumbrado e bendito.
Quisera eu ter o dia para carregar
a noite entre meus pincéis de sonhos.
Quisera eu ter a flor do sol
entre nossos pecados, para redesenhar
nossos pedidos e preces ao santo próximo.
Quisera eu ter a estrada
do pranto, para cruzar nosso horizonte
com planetas conhecidos no nosso cosmo infinito.
Quisera eu ter o pensamento
do meu amigo querido, para realizar
seus sonhos de menino intrépido.
Quisera eu ter a prece
da freira Carmelita enclausurada, para jurar
seu amor eterno ao amigo da infância.

Quisera eu ter a chance de infiltrar-me
na memória do peregrino viajante,
para trazer sua amada entre seus braços.
Quisera eu ter a magia para proteger
cada criança de uma praga maldita,
configurada na desgraça infinda da morte.

Tempestade

De tanto chorar, o vento me abraçou.

Quem me dera fazer da era
a espera.

A dor continua roendo os ossos da esperança.

Terno seria o dia em que pudéssemos encostar
nossos silêncios entre as mãos.

Meus deuses,
segurem meu coração entre as mãos,
balancem sem machucar,
para que eu possa viver em paz.

O tempo mudou.
Sobrou a palidez dos sonhos.

Quero ir para a Lua.
Viajarei com ela.
Olharei para a Terra
sem nenhum temor.

Cai o dia em meus ombros.
Seguro a noite
que, próxima,
lampeja seu fascínio
de seresteira.

Faltava o dia, que tudo viria
trazendo alegrias.
E, nesse dia,
eu tudo faria.
Um pesadelo diria
da magia que foi um dia
a poesia.

Quando fui ao lago
vi a luz de seus olhos.
Nada nem ninguém sabia
da dor, da cor e do sabor.

Então, a nuvem passageira deu
carona para o luar.
Assim foram dançando
do entardecer ao madrugar.

Símios,
primatas,
homens que gesticulam seus instintos,
agora, lá fora,
na Europa.
No vai e vem da África.
Na criança que chora e sorri.
No mundo Asteca.
No mundo Brasil.
Somos todos iguais:
na expressão facial
de saber sorrir e chorar.
No susto,
no garfo,
que entra e sai da boca.
O olhar de espreita
do predador,
no horizonte, no bar,
nas casas sofisticadas,
nas aldeias indígenas.
Mostramos nossa igualdade na etologia humana.

A loucura audaz trepida,
engole truculenta.

É saudada pelo algoz
que delicia o veneno da cobra,
da mulher arteira.

Trazia o vento.
Ressoavam vozes
gemidos, altos sons.
Ventilavam odores,
apodreciam os sonhos.
Nos ventres maternos,
o dia chegava trazendo frescor.
Na esperança,
gritos nas gargantas,
imagens, sacrifícios, pensamentos...

No tempo da vida,
no gesto cão,
vai a garganta ardendo,
sangrando de dor.

Até quando
a dor suave do desencanto
atormentará meu canto?

Vida que se refaz.
Traz um brilhante,
assusta a moça cansada,

que, encontrada,
esplandece sua solidão.
Uma serpente sai do ninho,
enrola-se nas pernas do inimigo.
Veneno guardado há anos.
Uma aventura
derrama a saudade.
Uma ternura que não se refaz.
Um pedaço de coração,
uma alegria misturada,
lembrada a cada passo.
Luz acendida, vista
na casa dos sonhos.
Embriaguez tomada nas esquinas
de cada trago de vida.

Bandeiras hasteadas
no Dia da Pátria, no Dia Brasil.
País desigual,
misérias humanas,
fome, educação, saúde, arte.
Moradia,
tudo adia,
para depois um dia,
quem sabe naquele dia,
naquele Dia da Pátria,
Brasil, meu Brasil jogava.
Misérias misturavam no tenor
Músicas tristes,
da prostituição, da agonia,
da puta e da guria.

No Dia do Brasil, dizia ser campeão.
No dia a dia,
na primeira noite,
Brasil enfeite,
amarelo e verde,
tudo pedia glória
ao dia que viria
Brasil ser campeão.

No tempo de uma vida
você era meu primeiro nome,
que sorvia na saudade de um sábado
de frio.
Aquela vontade quimera,
saudosa, do vento.
E, no dia da paixão,
juntamos nossos dois pedaços,
começando nossa história
de um tempo quem sabe efêmero.
No talvez fica a angústia de esperar seus passos.
Na alma, o inconsciente
do instinto, que pede a cada momento
a vontade de girar na corda para sair do medo,
que ronda e cria o inferno
de eternamente correr o risco de amar.

Dor na alma
de tudo o que foi perdido
nas lagoas azuis.

Pássaros brancos.
Dor que emerge do adoecer,
das margaridas plantadas,
de ilusões milagrosas
que se enfeitam para guiar o amor.
Dor única,
na direção do corpo,
amortecido pelas marcas
que denunciam sinais.
Vida.
Dor primeira
na lista do tempo.
Do quarto, da sala, da escada.
Dor da luz que incendeia
cada pedaço dos meus papéis.

Velarei o ano,
do qual virá amarga solidão,
fantasmas, medos,
sombras, palavras,
pensamentos, cirandas,
dias funestos.
Alegria.

Ainda ontem pude cobrir um punhado de infelicidade,
sobre o mundo mantive a seriedade.
Não festejei nem sorri,
vivi no cotidiano
um pedaço de sortilégios,
com a vida começando no fim do túnel.

Cansaço enfrentando o paraíso,
tomando contato com a minha imagem
refletida no espelho da porta.
Ternura dos poucos sentidos
tidos no entrecruzar de cada entardecer.
Um pedaço de solidão,
um desgosto de sabores,
fazendo festas no corpo,
caindo na alma cálices de frutas
colhidas no alvorecer do descrédito do amor.

Existem pessoas falando sem cessar,
coisas com muito sentido.
Falando da própria miséria,
das suas coisas miúdas,
de sua pequenez na vida,
da estreiteza de mundo,
do falso talento da mesquinharia,
da inocência nunca tida,
da pobreza de se chamar gente,
da veste de hipocrisia,
da sarjeta, da burrice.
Na vitrine da insistência em não entender.
Gente sem entender detalhes,
gente não gente,
gente sem ser.
Assim são muitos
dos ocupantes do universo.

Desta vez foi diferente.
Dentre seus silêncios,
a voz falava
que não esperava
um fôlego de vida
vindo.
Deus e todos os santos
de mãos dadas.
Fazendo círculos para
tomar sentido de vez
das poucas misérias
que um coração pode ter.

Eu sentia que o tempo se fora,
levando saudade e mais nada de dor.
Há suspiros, entregas,
podendo certamente garantir
um terreno de surpresas.
Um ponto entre a entrega e nada mais.
Podia um pesadelo interromper o silêncio,
quando de mais nada suspirar saudade,
veio entregue
de suas risadas.
Assim, só de tempo,
de pedidos, de sortilégios,
de busca, de sonhos.
Em pessoa
se fez presente.

A minha saudade é tempero para o amanhã.
Saudade que dói, na lembrança, dança.
Saudade que atropela a era
do amanhã.
Saudade enredada no passado, suado de lágrimas.
Saudade de silêncios entre o desejo
das pernas, do sussurro,
nos seios derramados.
Saudade do sorriso do enternecimento
da mente,
em baús singrando os mares,
de tempestades,
de amores.

Você está entre os meus segredos mais profundos,
entre a angústia da saudade e o medo do mundo,
entre os pesos crescentes de encontros demarcados.
Há vontade, silêncios,
seres inconteste... Pensamentos,
preces,
algarismos, frases,
vontades.
Uma dose
de sua metade,
de sua honesta maturidade.
Vozes que se angustiam,
se incomodam,
se encontram,
se pintam
em sentidos diferentes.

Gritos de nostalgia,
pedaços de lágrimas,
verdades eternas,
dissipadas as mentiras,
sonhos de maestria,
cavalgadas noturnas, escondidas,
momentos distantes,
prazeres infinitos,
discórdias vencidas,
Enternecidas.
Ideais arremessados em poças de lama.
Liberdades tamanhas, fingidas.
Flores fincadas em campos de discórdia.
Almas sobrando nos vendavais.
Tudo bem presente no doce mistério
das possibilidades da humanidade.

Naquele mar,
naquela ilha
e naquele dia,
os dois juntos
foram feridos
pela saudade.
Ela ficou presa na ilha,
ele viajou para o Oriente
com os soldados inimigos.
Era um tempo de guerra
naquele lugar.
Depois de tempos e mais tempos,
o som do mar trazia

as lágrimas de saudades,
choradas pelas sereias do mar
no cantar das manhãs.
A moça sabia
que ele viria
para um dia
a saudade matar.

Há paixões desatinadas.
Algumas enroladas na própria história,
nas crianças que brincam de Maria,
nas esperanças sentadas às portas,
na felicidade que feriu o amigo.
Esconderijos somados com o amargo dos sonhos
desfalecidos.
Há tempos no viajar, na penumbra do quarto vazio.
Há na entrada da porta vizinha um desvio de olhar.
Entrego um sorriso desanimado,
encardido, sacudido.
Na melodia do dia, um suspense do olhar,
acostumado com a dor.
Um pedaço de sorriso ao inimigo,
uma possibilidade que se foi, um tiro certo.
Uma roupa bonita enfeitando o dia, mais nada.
Nas noites, as perdas, inglórias,
sem ter na magia um outro qualquer.
Uma entrega, uma ternura, uma pintura,
uma tempestade assombrada colorindo de fantasias
a busca de um querer
perdido, perdido.

Em um pedido esquecido
ali na penumbra da vida.

Hoje é daqueles dias que nada dá para segurar.
Cai um pedaço de mim
em cima de qualquer dor.
Dor, dor anestesiante.
Dor, dor na alma,
dor da lama,
dor do silêncio.
E no silêncio escondido,
fraquejado, assumido,
há dor do mistério da vida,
dor da incerteza segura,
dor da morte vindoura,
dor desesperada, sentida no ponto extremo da segurança.
Dor por causa daquilo que nunca tive,
dor de sorrir entre tantas lágrimas abertas,
derramadas nos vasos quebrados,
na sorte doída,
no amor amortecido entre os dentes do poeta.
Amor cego
do vaga-lume,
estonteante,
silencioso,
trágico e vergonhoso.

Silêncio angustiante.
Verdade escondida entre os ventos das varandas.
Coragem acovardada na tempestade das lembranças.
Morte presente nos suspiros da vida.
Aflições inesperadas nos tornados imaginários.
Poetas mortos em um mundo da desesperança.
Mundo mudo, sem ouvidos,
sem sentidos,
sem música,
sem sensualidade
terna de uma criança.
Assuntos perdidos, versos esquecidos,
coragens esmorecidas,
deuses profanados.
Ternura impingida no sangue do homicídio.

Aqui tem um sorriso
entregando-se ao demônio dos deuses.
Tem um pecado com sabor de chocolate.
Um paraíso perdido entre as montanhas.
Nada restou da semente do universo, apenas o pesa-
delo do medo.
Terror entre os anjos do universo.
Passagem bonita, colorida,
entre as bonecas do quarto da criança.
Sofre a angústia, destino de lembranças.
Valiosa inquietude, sentimentos desgovernados.
Azul-claro, para dizer mais coisas.
Nuvens carregadas, amanhecidas de dor.
Coragens esmorecidas, no tempo que se desfaz.
Alturas gloriosas, campos, visões,

atenções fugazes,
mentiras em verdades.

Solidão...
Pequena menina,
frágil como um fino vidro vermelho,
transparente e único.
Imagens, paladares,
sons, tempestades.
Começo de espera
para o fim do destino.
Almas desatinadas, em estradas inseguras.
Viagens, lugares encontrados,
bonitos, áridos, apagados.
Olhos fechados na escuridão
vista e imaginada.
Solidão.
Corpo balançando
na cadeira,
no vaivém do ritmo
da música ouvida.
Entregue às páginas
do diário certo.
Na canção do poeta,
feitas depois do desamor.
Solidão de dia,
à noite.
Passageira do sono,
dos sonhos
encontrados nos baús do tempo.
Correntes seguras dos corpos molhados,

de saudades escondidas
atrás das portas do coração.

Vai-se o tempo com a formosura.
Vem no hoje um tesouro escondido,
um pedaço de cada coisa, misturado ao terror.
Sensação de posse, a perda de todos os sentidos.
Fim dos tempos, escondidos sob o luar das madrugadas.
Saudades enfileiradas com as flores colhidas na
noite passada.
Último apelo à coragem dos poetas,
passageiros escondidos nas naves espaciais,
trazendo no coração um pedaço de alegria.
Mulheres misturadas ao som das sonoras flautas,
rodando as saias no aconchego de seus filhos,
fortes como o imaginário do Cristo, o Redentor.
Amantes, enfeitando os cabelos
ao som das fitas coloridas,
esperam o marido com o sussurro dos clarinetes.
Meninas apaixonadas, escrevendo aos pequenos amores.
Pais e mães dormindo ao som do ressonar dos filhos.
Aventuras depositadas nos cemitérios.
Fim de tudo, começo da esperança.

Menina do bar.
É lançada ao coração uma poesia universal,
de amor, temperança, saudade.
Ao jardim da minha alegria, um beijo enfeitado de
margaridas.

Àquela mulher bêbada, um tesouro, um presente à
luz do dia,
um filho esquecido, dores no olhar.
Entre um copo de vinho e mais outros, vinham
as memórias de vida.
Cabelos escondendo pensamentos,
perguntas, à referência das mais fortes.
Dores, ausências.
Era aquela face
um conto de fadas às avessas.
Na pobreza, na luta desesperada do sono, que era
companheiro.
Mendicância aposentada.
Aos pés, chinelos, feridas e muito chão.
Em cada lágrima, um fragmento de vida amarga.
No olhar, perguntas nunca respondidas.
Fala bem pensada, ensaios, respostas desafiadoras,
comoventes.
Canções do frio, amarelando as folhas.
Enrijecendo nas mãos as preces aos deuses da criação.
Aos ouvidos de Nossa Senhora, fez da menina o
sono esperado.
Idos do coração.

Beijos suados, dores escondidas entre os deuses de cantoria.
Ouviríamos nos jardins de nossa existência canções
de pássaros,
Entre os suspiros de nossos suores viriam os sinais de nossas entregas,
malditas, abençoadas pelo desejo da redenção.
Pudera os deuses nos cobrir de poesia, para depois

sorrir de tudo o que fizemos.
Das nossas mesquinharias, das nossas vergonhas.
Iríamos juntos para o
além da vida.
Encontraríamos entre as nossas festas
as lágrimas despejadas no cais de cada porto.

À minha amiga
Vai longe o tempo da sabedoria.
Uma lembrança cobriu-me de saudades,
uma vaga ternura fazia da alma nossas semelhanças.
Era o tempo que encobria nossos sonhos.
Uma voz da ternura, amaciada entre nossos delírios.
Uma amiga, daquelas de tantas e tantas,
mistura de ódio, amor e destino;
encontros, descaminhos, sozinhos.
Amores misturados com nossas poesias, fantasias antigas.
Meninas feridas. Som. O ardor de uma vida.
Machucadas com a solidão das próprias escolhas.
Nas vontades, o desvelo da aventura,
das misérias divididas, dos pesadelos escondidos,
dos tragos suados, dos cigarros amassados.
Misturas de promessas, encontros, desencontros.
Antigas canções, destruídas na amargura de nossas memórias.
Amiga dos tempos da roda-viva,
dos claros pensamentos,
das buscas nunca cessadas,
da sordidez das preocupações.

Amiga dos abraços, dos delírios somados, das cartas marcadas,
do destino cruzado.
Amiga do coração, amiga da alma.

Silêncios se fazendo
da boca da poeta
trancada no manicômio.
Por quê? Era louca.
Louca de atirar pedra,
intensa como a vida,
misteriosa em sua solidão.
Mulher corajosa,
bruxa, um espelho da alma.
Mulher corajosa,
infeliz, mal-amada,
drogada, mortal.
Apenas, mulher silenciosa.
Especial no jeito,
arrogante no final.
Misteriosa, dona do circo,
da vida, da dor,
das mulheres, dos homens.
Alma criança, cansada.
Deitava, fazia das lágrimas seu último sossego.
Chorava, entregava ao namorado a rosa cor-de-rosa.
Viciada, pasta base, remédio.
Entrega especial no segundo encontro.
Parecia amada.
De nada sobrou ao seu último rancor,

ficou a lembrança da menina
com a saia rodada jogando pião.
Triste fim aquele da rosa, murchara diante do amor.

Ao dia, que se fazia sem poucas alegrias.
Ao dia, que se fazia, sem aparências de pobres e
ditos lugares.
Há no semblante o lado escuro,
há no tempo uma mistura de alegrias,
fantasias, deleite.
Cores do azul, do poente.
Vai saudade na escuridão amanhecida,
vai um tempo, dizendo adeus à minha glória.
Alterações de encantos, desencantos,
descortinados, multidimensionais,
reservados à pobreza incestuosa do mundo em fantasia.

Há tanta coisa dentro de mim
que nem sei dizer.
As lágrimas apenas se mostram como a ternura
que nunca se foi.
Dói, dói tudo.
Dói o amargo da lembrança,
dói o pecado da miséria,
dói a criança morta a tiros,
dói o travesti execrado,
dói a fome alheia,
dói o poder dos mais fortes,
dói o país pedindo emprego,

dói a maldade do homem e da mulher.
Dói a dor do vício,
do malefício,
da falta de arte,
da viola, da vitrola.

Ideias
O olhar do africano suplicava:
"Solte a chibata".
A mão do capataz descia firme, a mando do senhor patrão.
O satanás voltava com língua de veneno,
para hippies, judeus, homossexuais, ciganos, anarquistas,
humanos, gente, povo sofrerem.
A miséria assolava.
Nos cantos, nas favelas, nos buracos,
os poetas viam:
as estrelas, o mundo.
Na casa, no bar,
o ouro amaldiçoava,
a terra fervia,
em corpos de agonia.
Jovens, jornalistas, "subversivos",
encarcerados, punidos, despidos, cuspidos
no golpe militar.

Homens!
Busquem seus afetos perdidos
nas incessantes vezes que derrubaram
o cálice de sangue da humanidade.

Saciem nossos pedidos de esperança
contidos em cada lágrima vindoura.
Saciem nossa fome, nossa miséria de fantasia.
Execrem a opressão, a dor, e busquem
na memória de nosso passado a criança
que brincava com o carrinho de mão.
Não apaguem as marcas de aventura
de gigantes passos de soldados
marchando na luta da dura batalha da vida.

Vendaval

Quantas misérias chorei nos ombros da História.

Resolvi escrever nas paredes do meu corpo notas de amor.

Quando libertamos a alma, o grito vem com dor.

A sete chaves mora a dor
de não ter para onde ir
se não for com pedaços da cor.

De nada adiantava
alimentar uma vida
que fora rolando
na escada do tempo.

O pecado amanhece,
engole o doce,
com gosto de quero mais.

No silêncio da noite,
uma voz cantou para o destino.
Saí da minha alma
para cantar no meu jardim,
e assim
fui, sem pensar no amanhã.

Fim dos tempos,
recados do coração, traído pelo orgulho das vozes.
Momentos perdidos pelo sofrimento da nossa história.
Vales, abismos do coração
sentados de costas para nossa memória.

Assombrosamente
varreram o cálice derramando a estrela cadente.
Longe, vaga-lume ilumina.
De luz tamanha,
mergulha no céu um tempo de solidão.
Nada se vê.
Prontidão tomou conta da gente.
Luz clareou no alto da montanha,
vozes cruzaram rezas
saudando o corpo presente.
Um sonho dourado trocou de assunto,

presenteando,
iluminando a cena da nova história.

Olharei para o meu amor,
gritarei à dor,
ela que sufoca meus pensamentos.
Gritarei à minha alma,
que se mata por adormecer.

Há palavras que se vão.
Aonde, eu não sei.
Aonde chegaremos
com a vida às avessas?
Aos tragos do tormento,
da sordidez da madrugada,
na penumbra,
na festa,
no terceiro gole
da embriaguez humana, torpe.
Indócil feito a matrona destemida,
feito a dona mal comida.

Meninas mulheres, sapateiam.
Batom vermelho,
amores perdidos para sempre,
lembranças guardadas em caixas,
baús de poesias,
lilases corações,

paixões de estrelas cintilantes,
pequenas feras.
Meninas viajantes, sonhadoras,
experientes.
Meninas
brancas, pretas, amarelas.
Meninas mães,
meninas pensadoras,
mágicas, vorazes.
Meninas.

Tempo que chegou.
Ameaça, corrompe
e assim vai.
Tempo de festas,
flores, frio, calor.
Tempo do velho.
Sinais, rugas,
tremor, rouquidão.
Tempo da menina.
Experiência, sexo, menstruação.
Tempo de criança.
Crescimento, vida, energia.
Tempo de saudade.
Gemidos, palavras.
Tempo da natureza.
Depredada, ferida, agonizada.
Tempo que vai, volta, recria,
transforma o beijo no afago.
Tempo da lembrança bendita.

Latidos, cães.
Vermes saltam.
Vozes, tremores,
cálidas almas.
Doses do tempo,
ações, dizeres.
Cigarros acesos,
mordaças amarrando
a palidez da alegria.

Amigos perversos,
avessos, entre punhais.
Tranquilidade de loucuras abençoadas
na ternura dos ventos.
Incapazes de rir do passado,
do abandono de viver entre os sonhos,
das pequenas lembranças do amor

Sentenças fatais.
Dimensões, plantações, terra, sol, lua.
Distantes vagam,
faltam, sentem.
Ternura, fascínio,
pesadelos, tormentos
postulam para depois.
Abraços entrecortados
pedindo mais afagos
de amigos.
Homens sem dó,

homens armados,
almas de sonhos.
Homens de glórias, inglórias.
homens amando,
perdidos.
Há almas
de pé, brincando de magia,
fantasia, alegria.
Há traços marcados
na poesia,
na alegoria,
na primavera,
nas sombras de fôlego,
de profecia,
de aventura.
Há silêncios aprendidos,
marcados.
Brindando convites, avisos.
Há dores do universo,
brincando de que nada foi,
fazendo de conta
dele não fazer parte.
Há sensações tão claras.
Há doces.
Pedaços breves,
eternos.
Medindo cores de colares.

Pedidos breves,
lampejos espirituais.
Entre os dentes,

há cores pedindo
azul e lilás.
Há tempero no quarto vizinho.
Há quebra de silêncio.
Há ventos na janela.
Há tempestades na cena.
Há qualidades escondidas.
Há pensamentos de cor dourada
maquiando o sonho
do dançarino.

Fogos, arte
dançam na escuridão do cinema.
Fogos de caverna,
corpos quentes,
mulheres tribais,
mulheres de Atenas,
mulheres medicinais,
mulheres latinas
dançam na escuridão da noite.
Festejam carnavais,
bailam ao redor da fogueira.
Pedidos espirituais
aos deuses.
Mulheres...
Cores nos carnavais.
Bunda.
Peito.
Fogo
nas tribos rivais.

Eu sim queria ter a voz da verdade,
por saber que a alma não perdoa,
nem geme,
faz pior.
Toma partido da outra parte,
que nem sabe
o melhor da vida.
É sentir
a alegria de amar.
Sem dor,
nem dó.
Só fé
em dar
um presente
enfeitado à vida.
Aquilo que fala
nos silêncios da alma.

Vai o miserável,
entre a entrega especial,
fazendo da vida a mortuária para sua morte.
Vai a criança esmorecida dependurada no desafeto,
na pouca comida,
na falta de casa, de mãe, de pai.
Andam pelo mundo
os pobres, desvalidos dos sabores do pão, do chão,
do senão.
Vai na alma sentimentos de dor,
abraçando cada pedaço de lágrimas,
enaltecendo o luar da vida.

Repressões, assumindo a discórdia da humanidade.
Perversões das mais dissimuladas,
fazendo da poesia o silêncio dos poucos.

Na noite do desencanto chora a criança.
Vem para o lado de fora do amanhecer.
Um sorriso escondido
vem na penumbra,
para o dia clarear.

Há pedaços expostos.
Há pedaços escancarados.
Há pedaços enxergados.
Há pedaços doídos, doentes.
Há pedaços não mostrados, ocultos.
Há pedaços idealizados.
Há pedaços amassados.
Há tempos não vividos.
Há tempos misturados, escondidos atrás das portas.
Há silêncios falados na mente.
Há fala sem dó, verdades cruas.
Há mentiras mastigadas na boca da hipocrisia.
Há no poder a face oculta da força reacionária.
Há na fala maledicente o sabor do veneno da cobra.

Das noites ficaram as lembranças apenas.
Nada foi feito para o tempo passar.
Nada marcou o calendário para mudar

os anos das nossas guerras sentimentais,
dos nossos silêncios.
Há gritos na fala,
colorido nas dores.
Nossos ódios, mostrando o amor da eternidade.
Apenas palavras mal tocadas,
tidas, carregadas no toque da flor.
Pensamentos jogados na correnteza do rio.
Palácios,
cristais, ruas sem fim,
significando
sonhos de nossos encontros.

Mortes, roubos,
assassinos, gente,
pedaços humanos.
Cores: azul, amarelo, branco, verde.
Gente morrendo,
de fome.
Vozes chorando,
de fome.
Crianças assustadas, assustadoras,
crimes, tráfico, drogas,
tiros, barulho, dor,
fome, gravidez,
silêncio, torturas,
polícia, gritos,
desempregados, assalariados,
doentes, maltrapilhos,
hospitais, depósitos, carnes podres,
infectadas, amareladas do tempo,

sem respostas à voz cansada, amanhecida,
sem ternura para o café da manhã,
sem vida para cada sorriso.

Apocalipse
Nos fins últimos da história,
os pobres talvez riam do sabor amargo do doce.
Verdades serão ditas.
Mentiras, descobertas,
chamas, acesas.
Chicotes afiados de ódio serão companheiros.
Na fome, lembrarão das vítimas andrajosas,
famélicas.
Sexo será utopia,
e haverá orgias públicas,
comemorando no caldeirão aceso
as fagulhas de assassinos.
Marejados de lágrimas,
impiedosos rastejarão
como cães fedorentos.
Tudo será uma grande festa.
Inimigos se cortarão a gilete,
meninas serão as deusas abençoadas a Satanás,
entregues ao sabor da dor da espada nos pequenos ventres.
Muito sangue derramado, florindo as árvores de púrpura.
Frio escancarando os dentes, tremendo poros.
Cabeças ceifadas, lentidão das buscas.
O sereno espalhado entre os olhos dos poetas,
afundando as lágrimas nos icebergs oceânicos.

O passado sofrerá entre os fragmentos de lágrimas.
Tudo será prazer, impregnado de dor.
Angústias passarão entre as mãos dos inimigos,
páginas inteiras recordarão o prestígio,
imagens serão divulgadas nas vitrines da memória.
Passará entre as janelas um deus,
que tomará um trago de vinho, depois deitará na saudade,
recordando-se em meio ao silêncio das vozes gritantes de
excitação.
O diabo vestido de branco colocará uma medalha de Cristo.
Diante dos fatos cotidianos virão as dores da noite
bem dormida.
Sobriedade e lucidez
misturadas ao desígnio da aventura desencontrada.
Prestimosos, alcoólatras se abraçarão nos banheiros fétidos.
Temperança, somada às mais loucas das tragé-
dias humanas.
Sorrindo de prazer, inimigos constatam a dimensão das
atrocidades.
Vagabundos, limpando o nariz com as mãos calejadas,
invadirão o quarto da santa, virgem.
Farão da carne, alimento de prazer.
Gritará a virgem até seus últimos suspiros.
Sangue, ódio, desespero, desaparecerão no espelho,
corações se limparão da dor.
Alegria e boas risadas alimentarão boa parte da
humanidade.

As últimas horas da madrugada se foram,
restou no silêncio o gemido do doce sorriso.
Quando puderam os mais fracos sentidos
recobrar na solidão um gesto de alegria,

falaram sem pensar que o dia viria forte,
sem as manchas na camisola molhada.
Lágrimas faltaram, sem antes pensar no amparo do coração.
Tudo se fazia bonito, mas com a dor de sorrir veio
um pedaço de flor.
Nas penumbras do pesadelo esteve de prontidão
um trágico e tão só pedaço de fala.
Tempo se vai para mostrar uma cara nova, enrugada,
amanhecida pelos olhos cansados.

As nuvens cobriam as casas do bairro.
Mensagens escondidas, nos dedos dos velhos famintos.
Sentimentos compartilhados por desatinos da mente.
Flores enfeitando os lençóis dos amantes deslumbrados.
Misérias escondidas no estômago de pobres crianças.
Almas perdidas na escuridão das casas pequenas.
Bairros verdejados pelas chuvas de verão.
Anos inteiros somados à negligência dos governos.
Lideranças políticas mandando nas riquezas da nação
brasileira.
Poder, que se resume nas penumbras da mortuária.
Horas divagadas no passado, vindo sempre ao encon-
tro da morte.
Alimento jogado aos cachorros humanos,
despedaçados entre a carne macilenta da desnutrição.
Mães e crianças chorando de fome.
A morte rondando de perto mais um corpo desfalecido,
cozinhando suas esperanças e estendendo seu abraço para
um amanhã de sol e chuva.

Inferno que se aproxima, luzes que tragam meu
cálice de vinho.
Tempos de espera,
lancinante desejo,
saudades esquecidas,
que surgirão na mente quando a dor vir entre o silêncio
um desafio de louvor.
Aos deuses caberá o julgamento.
Entre tantas dores ficará seu ardil, forma de representar
do tempo restando um sorriso de felicidade.
Na carne, nas mãos, no rosto envelhecido,
uma nuvem lembrará que por momentos tínhamos alegrias,
pequenas, mas existentes.
No céu de cada uma,
um trovão tomava conta.
No pedaço de paraíso vinha
um deus com sua misericórdia,
sentado com as belas asas manchadas de vermelho,
o sangue maculando os tecidos da moça vestida de branco,
imprimindo uma lembrança entre tantos tormentos,
pudera vigiar meu sono.
Lembranças na minha boca,
tempo que vai, nas lágrimas.
Noites abençoadas.
Nostalgia que acendera uma vela,
como nas noites escuras, abandonadas pelos seus mortais.
Cachorros entregues ao uivar sonoro,
doninhas enfeitadas de vermelho, unhas grandes,
machos de bundas arredondadas, pedindo
no trabalho um troco para o pão e a maquiagem.

Dói saber da miséria,
do vento que entra pela janela,
e não ter um pedaço de pão
para acalentar a fome de multidões.
Dói saber que daqui sairá uma gota de saudade,
embora, no mundo,
o paraíso seja um eterno pensar sobre a vida,
um suspiro de esperanças
derramadas entre cada passado.
No pensamento resta um chamado,
um pedido, um sorriso, um chamego de paz.
Resta no quarto um padecer, uma voz, a espera
daquela que nunca vem, tropeça nos muros,
salta distâncias, corre do amanhecer,
foge para os mistérios dos jazigos.
Uma novidade se fez presente.
Nada para respirar,
nem uma lágrima, nem um pesadelo,
só um tempo que se faz presente, um sentido,
uma esperança na voz, uma temperança,
um desejo, distorções de lamentos.
Silenciadas nas portas de cada belo amanhecer
vem uma vitória, cândidas e pequenas venturas.
Solidão
envolve meu corpo, lamenta um desejo de saudade,
que se foi para o além das nossas lembranças.
Tempos passados, espremidos entre os mais eternos
dos sentidos.
Vai um sorriso, que se enxerga nas penumbras da sanidade.
Insurgindo cada passado.

Tomai, Senhor, a Redenção.
Fazei de mim, Senhor,
alguém que ama.
Fazei de mim alma viva.
Fazei de mim um santuário de perdão.
Perdoai, diminui aquilo porque meu coração chora.
Fazei das lágrimas alegrias sem fim.
Desejai do coração um testemunho de alegria.
Fazei do sorriso verdades não mascaradas.
Tornai minha caminhada menos árdua.
Chorando peço,
implorando rogo
de joelhos, fazei um alento
para eu deitar meu desvario
nas sombras de suas asas.
Rolando na penumbra,
no festejo dos barcos,
na ciranda de rodas,
nos cabelos das bonecas,
mostrai sem fim nossas marcas,
para depois rirmos das nossas brincadeiras de amor.

Desatinos, imagens sem nexo, saias rodando na
dança cigana,
viagens, fogos acesos.
Na sala de estar,
há um anjo pintado de cores alegres.
Voltado para o lado esquerdo,
um de sentinela
fazendo sinal,

lamentando que a vida
dera mais do que apenas as poucas alegrias,
mais do que um abraço nas noites geladas.
Na correnteza, certos pedaços de paraíso
fantasiando nossos sonhos,
desejos abençoados
com a ternura da voz infantil.
Tempos do coração, no destino das nossas vontades.
Poder celestial, com o riso do diabo
martelando suas vontades nas paredes da vida.
Início de destemidos caminhos
nos corpos cansados de sensações,
já adormecidas na cama da própria existência.

Amor que se vai entre os desejos.
Amor que disse adeus tantas vezes.
Amor que se perdera nos mares azuis,
nas gotas do suor,
na face molhada,
na tristeza certa,
no namoro das esquinas,
nos portões enfeitados com flor.
Amor que dera margaridas,
ninhos aos passarinhos.
Amor que trouxera no cobertor o calor da noite.
Amor de mentiras.
Amor na vergonha,
na saudade, na maldade, no temor da descoberta.
Amor do destino, do risco, do incerto, do certo.
Amor pequeno, amor de fera doente.

Amor da fome, da vontade, do tesouro encantado.
Amor inteiro, do tempo, da aurora.
Amor da varanda.

Na segunda ordem, o projeto de vida:
um começo de despedida
na fortuna do céu que se enfeita de azul.
Na procura do terceiro lugar do banco oposto,
na primeira e última chance de poder
entrar na minha eterna procura.
Na sombria página de um terceiro livro
brota esperança na história,
perde-se uma trajetória,
uma brincadeira de criança.
Uma passagem à noite
vem da lembrança.
Páginas soltas, enfileiradas
dando sentido
às curvas do destino.
Portas escondidas se abrem.
Tornam o calor da santa
fantasmas navegando nas luzes
incendiadas na crença da felicidade.

Há magia apenas para os bem-nutridos.
Para a pobreza esfacelada desencontrada,
há saudade de um paraíso.
Nas sementes, apenas mistérios,
desvendados com as lágrimas da penúria.

Intelectuais derramando palavras para pouco fazer.
Pobres ocupando espaços nas páginas viradas.
Famintos pedindo esmolas nas ruas da cidade,
entregando aos filhos as migalhas da sobra burguesa.
Famílias inteiras dormindo na escuridão da madrugada.
Empobrecidos ensaiando arremessos de sonhos.
Tesouros escondidos nas lágrimas da poesia.
Amantes vestidos com farrapos de ternura.
Mundo se fazendo para poucos.
Poderosos instrumentos da desigualdade,
da fome,
da pouca vontade,
da ternura desencontrada,
da falta de dignidade aos corpos da infelicidade.

Entre os desesperos da alma
chovia uma lembrança de que a humanidade
riria das atrocidades.
Haveria um tempo em que o mundo diria,
a arte se faz com fantasia.
Há riso, choro e miséria.
Saber de ser gente no calor da maestria,
fazer do mundo a perdição dos tesouros malditos,
buscar na alegria uma feliz realeza da alma perdida,
fazendo trens de alegria
na altura do oratório.

Vem chegando as asneiras da boa vontade,
sorrindo como a face de um pedaço de ternura.
Pedaços de sorrisos, sondados na velocidade de um
pouco de vozes.
Permanece a sagacidade vestida com um terno branco.
Na altura da risada estridente
do jovem algemado com o loquaz desafio de entrar.
A luz da lua na alma sadia, como a lembrança da memória
que fugia de escanteio.

O amanhã chegará com luz na madrugada.
Fará do dia uma melodia enfeitada com o mistério do
alvorecer.
Sua lucidez, a dor sincera da solidão.
Anoitecerá como nos dias do juízo final.
A fantasia se fará com o sorriso de uma criança mal
compreendida.
Mistura de paisagens dos invernos transfigurados.
Alma abençoada pela esperteza da luxúria perfeita.
Saudade incendiada com a matéria da figura estonteante.
Inferno da criança que
dormia sem o calor da mãe,
pensando que a vida era de fantasia.
A maior de todas as alegrias
era poder sentir
o calor do arco-íris.

Há na parede do quarto o absoluto dos silêncios,
fazendo armadilhas para meu drama.
Há no frescor da cama coberta de branco
um olhar amanhecido.
Há na saudade do tempo um passado esquecido.
Entre olhares, os testemunhos se falam.
Amigos não dizendo nada para a dor do sangue,
da ternura escondida na palma da mão,
do leve esconder do sorriso angustiado,
da presença dos ébrios esconderijos das fraquezas definidas.
Há tormento na rudeza de ser homem,
permitindo que da luz se faça o inferno diurno.
Caminhos escondendo palavras,
infernos arrastando o que há de mais bonito,
sonhos figurando manhãs enfeitadas,
laços coloridos, sol resplandecente,
irmanados na razão única de nossos desejos.
Sorrisos entregues nos beijos dos casais apaixonados,
nas penumbras dos quartos.
Da primavera entregue à solidão dos dias infelizes,
há no tempo um sentido,
da pouca ou nenhuma sutileza dos feitos
entregues à fragilidade de sermos apenas humanos.

Misérias assolando o país,
fontes de riquezas dizendo adeus,
crianças maltrapilhas comendo as sobras
dos governantes da merenda escolar.
Saúde pedindo misericórdia para que mais um indigente
sobreviva.

Mentiras escabrosas da boca dos dirigentes.
País miserável, faminto, esquartejado.
Educação? Para quem? Para quê?
Professoras, pobres coitadas,
vivendo da ternura, da vontade.
Vivendo no desagravo da canção.
Vivendo de poucas alegrias,
do bê-á-bá.
País deprimente, desguarnecido.
Gente assustada, mal curada, esfomeada, desempregada.
Gente forte, traficante, menor abandonado, viciado.
Gente grande, assumida, benquista.
Gente sábia, madura, perdida.
Gente bonita, sabida, ritmada.
Gente esquisita, esforçada, abençoada.

A solidão é atroz.
Entra cortando o ventre,
entra pedindo paz.
Vasculha os porões,
remexe as feridas.
A solidão é tamanha
que toma o corpo,
reprime a esperança.
A solidão é estar
no dirigir da vida
sem o sabor das horas.
A solidão é um prato
cheio de histórias,
memória esquecidas,

memórias revividas.
Incendiadas nos caldeirões da magia.

Desconhecido
Lembranças...
Força do homem,
paraíso perdido,
fantasia do sol,
luz da alma.
Branca, serena.
Fantasmas da madrugada,
bruxas, demônios,
santos, bichos,
cobras, veneno,
doenças, gente,
morte, vida,
noite, dia,
profetas, ascetas.
Linhas do tempo.
No solar do dia,
na solidão da noite,
homens...
Caminhando
acorrentados,
abraçados, amados ou não.

Vidas
Dentro da casa
chega o tempo do temor.

Massacra a alma,
maldita sombra.
Véus jogados nas cadeiras,
sem importância.
Ameaça dos diabos,
fogos avermelhados,
escuridão, velas acesas,
corpos solitários,
sem esperanças.
Cabeças soltas, pendentes, latidos,
vômitos da mulher.
No espelho, a face,
alma gêmea daquela dor,
alma perdida no mundo,
que mudou de rumo,
ficando a flecha acesa,
atiçada pelo canto da saudade que ficou.

Que ironia!
É uma dor imensurável
o poder dos asquerosos
da palavra, do gesto, da mão
do canhão, da grana.
O estrelismo do senhor de gabinete
vomita as desumanidades do passado
carregando um quilo de diamantes
no estômago,
dele saindo o brilho de sua insensata lucidez.
A cadeira atrás da mesa,
o estupendo homem revestido da ganância
faz do pobre um verme, uma lesma,

que rasteja para ser ouvido.
É execrado e amaldiçoado
pelo clientelismo, pelo olhar de asco,
pelo nome Silva.
Aqueles que compram
gritam, espasmam-se e glorificam
palavras,
conseguem...
São dignos frente aos olhos amigos.
Bajulados por um exército
de decrépitos homens, sem alma.
Venderam-se pela famélica
situação de um país varonil.
Queria cruzar os braços,
e ver a corja sedenta do poder
passar.
Vê-los todos queimando ao fogo crescente
aos poucos, cada unha estalando pelo calor.
Ouvir os uivos dos cachorros humanos
gritando por socorro, clamando aos Silvas, aos vermes, às lesmas
clemencia, clemencia!
Então, iríamos reinar, começaríamos
uma outra história de prazer e dor.

Voei nas alturas do meu cansaço sombrio e límpido.
Vi o relampejo da agonia
gritando nos ouvidos surdos de pecados
aventurados pela emoção da lua brilhante.
Saciei minhas alegrias de sonhos acalentados
na madrugada poética e lírica.

Cantei vozes da garganta contorcida.
Na esperança daquele pedido saltitante de sonhos juvenis,
corri pelos caminhos funestos, nefastos da glória pín-
cara inaudita.
Pensei nas alturas de minha memória
felicíssima, de arvoredos floridos de futuras
vivências recolhidas no gesto da vida.
Soltei minhas amarras estranguladas
no descarrego dos dias corriqueiros e amuralhados.
Mantive a calma de meus serenos dias
para aventurar-me no pensamento ofegante de
transitoriedade.
Revelei achados perdidos, quando garota
dava entre soluços de vida seu festejo para o futuro.
Glorifiquei ao Deus infinito que sentasse ao meu lado
na resolução da próxima partida.

Ventos da maternidade

O meu coração navega para depositar em teu ser
o meu amor, minha filha.

A solidão da alma
navega nos braços da saudade.
Assim, sem dizer,
foi a moça a dançar
o balé da vida.
Menina, menina, menina.
O que me diz da hora?
Da vida? Do canto?
Sem esperar,
contive o choro,
no som da noite,
e ela veio e enlaçou
um brilho de estrela
da cintura ao coração.

Saudade de você,
minha menina, ainda menina.
Dos sonhos que acalentei
na obra de fazê-la mulher.

Da minha face direita fiz teu canto,
da esquerda, minha outra parte, o amor,
que juntas lembram de ti, minha pequena,
consorte da minha alma em vida.
Porque quero tanto aninhar-te,
doce encanto, para todo o sempre.

Meu doce e amada minha,
minha cria, meu espelho,
minha outra e segunda vida.
Porto do meu ser que habitou em mim,
que saudade sinto, sem poder te ver!

Havia saudade, uma brincadeira.
Naquela hora, uma mulher parida
chora escondida sua dor.
Tempera uma voz, no cálice da vida,
na filha que reluz.
Na arte suprema da criação.

Meu sonho.
Sorriso maroto.
Alma pequena.
Esperteza segura.
Amor da minha vida.
Silêncio da alma.
Da vida, esperança.
Do passado, recompensa.
Amor, doce amor.
A minha filha.
Criação do mundo.
Tristezas escondidas
Benção recebida.
Ternura encontrada nos sonhos de mãe.

Saudade de chorar no ombro,
de ter um coreto
na varanda da casa.
Saudade da margarida amarela
florindo na casa de campo.
Saudade da felicidade atrás do morro,
da margem do rio.
Saudade do pranto,
da menina abraçada à boneca de pano,
brincando atrás das cortinas da sala.
Saudade do anjo
pintado de azul,
no frescor da noite.
Saudade do menino
brincando de bola
na rua de pedras coloridas.

Saudade das árvores de Natal
enfeitadas com bolas de algodão.
Nuvens do céu azul.
Como é bom saber
que chegaste na hora marcada.
Como é bom ver-te sentada
na muralha do meu pensamento.
Como é bom saciar minha sede
na sua saudade.

Uma criança:
abraçando o mundo,
correndo atrás do meu,
fazendo piruetas,
olhando os balões,
soltando as pipas das certezas.
Uma imagem virando do avesso
meus silêncios,
minhas esperanças.
Estando o sorriso da menina
estampado na face do desespero.

A lua
No mundo há coisas
de dentro e de fora.
O mundo se fazendo,
querendo abraçar
a paz, o desejo, a ternura
de uma criança amada,

eterna, fazendo de mim
o sonho do sol da flor,
do canto do pássaro.
A minha criança
fica abraçada
na lembrança,
percorrendo os caminhos que fizemos
nas nossas lutas,
nos nossos sonhos.
Nos pedaços da lembrança
ficam aos ouvidos sua voz,
sua presença de todos os dias
acordadas com as lágrimas de uma saudade.
Tantas e tantas vezes
chegou meio dormente.
Insistiu, ficou.
Trouxe um santo
de corpo presente.
Na alma menina,
num dia de sol, no choro insistente,
no sossego da gente, do poente,
no rosto rosado,
no olho azulado,
no torpedo de gente.

Um tormento,
aceso, preciso
na arte de pouco saber.
O que se passa nos silêncios?
Nos temperos dos sonhos?

Nos dias da espera,
que incessante se faz ausente.
Menina, menina, menina,
dona do meu destino,
em hino, em prece, em oração.
Ação da hora,
amor de uma vida,
aqui, ontem, passado.
Para sempre, amém.

A menina
é ternura,
é a luta.
Fazendo imagem no espelho,
do lado direito
da minha alma.
Quando da saudade,
rompendo o silêncio,
vem o sorriso
do meu coração.
Eternizado na minha busca de ser apenas mãe.

Saudável será o dia que pudermos olhar para o aca-
lanto sem dor.
Saudades festejarão a janela de minha morada.
Noites brilharão para o dia que, no futuro, abrir-se-á.
Tristezas dirão adeus ao silêncio da minha saudade.
Minha lembrança, de tão pouca, fará um diamante
na penumbra.
Uma luminária para abastecer o céu de minha morada.

A lembrança tomando conta da saudade sairá
definitivamente.
Um pedaço de meu ser se esconderá, fazendo graça para
o destino.
Um trago do vinho cairá sobre o chapéu do velho amigo.
Voaremos por trás dos tempos, fazendo que surjam risadas
das poucas alegrias.
Abrindo o coração, um ancião cantará composições sobre
antigos amores.
O tempo dará frutos como o sorriso da minha criança.

A noite trazia a criança
aconchegada nos braços,
e a ternura que partiu nossos corações
glorificados do tempo de chamas.
Fica comigo as nossas velhas mãos
enlaçadas do passado,
presente nas lembranças
da minha memória nostálgica
dos presentes do destino.

Se eu pudesse...
Ah, se eu pudesse
fazê-la tomar sentido,
amar meu passado, sentada em meu colo.
Se eu pudesse...
Como um espelho retrovisor das lembranças tantas,
fatigar meu coração de tanto dizer
que, na vida,
você e eu, um dia, fomos inteiras.

Ocupou minha alma e meus desejos,
quanta vontade dera ao destino
de fazer-me sempre a melhor,
mesmo que ainda eu seja
uma besteira de Deus.